Giuseppe VERDI

JÉRUSALEM
AIRS DE BALLET

Edited by
Clark McAlister

Study Score
Partitur

SERENISSIMA MUSIC, INC.

ORCHESTRA

2 Flutes (2nd also Piccolo)

2 Oboes

2 Clarinets (B-flat, A)

2 Bassoons

4 Horns (F)

4 Trumpets (B-flat)

3 Trombones

Tuba

Timpani

Percussion

Harp

Violins I

Violins II

Violas

Violoncellos

Double Basses

Duration: ca. 22 minutes
Premiere: November 26, 1847
Paris, Salle Le Peletier
Soli, Chorus and Orchestra, Composer?
(in Act III of the opera)
ISMN: 979-0-58042-104-3

JÉRUSALEM
Airs de Ballet

1. Pas de Quatre

GIUSEPPE VERDI
Edited by Clark McAlister

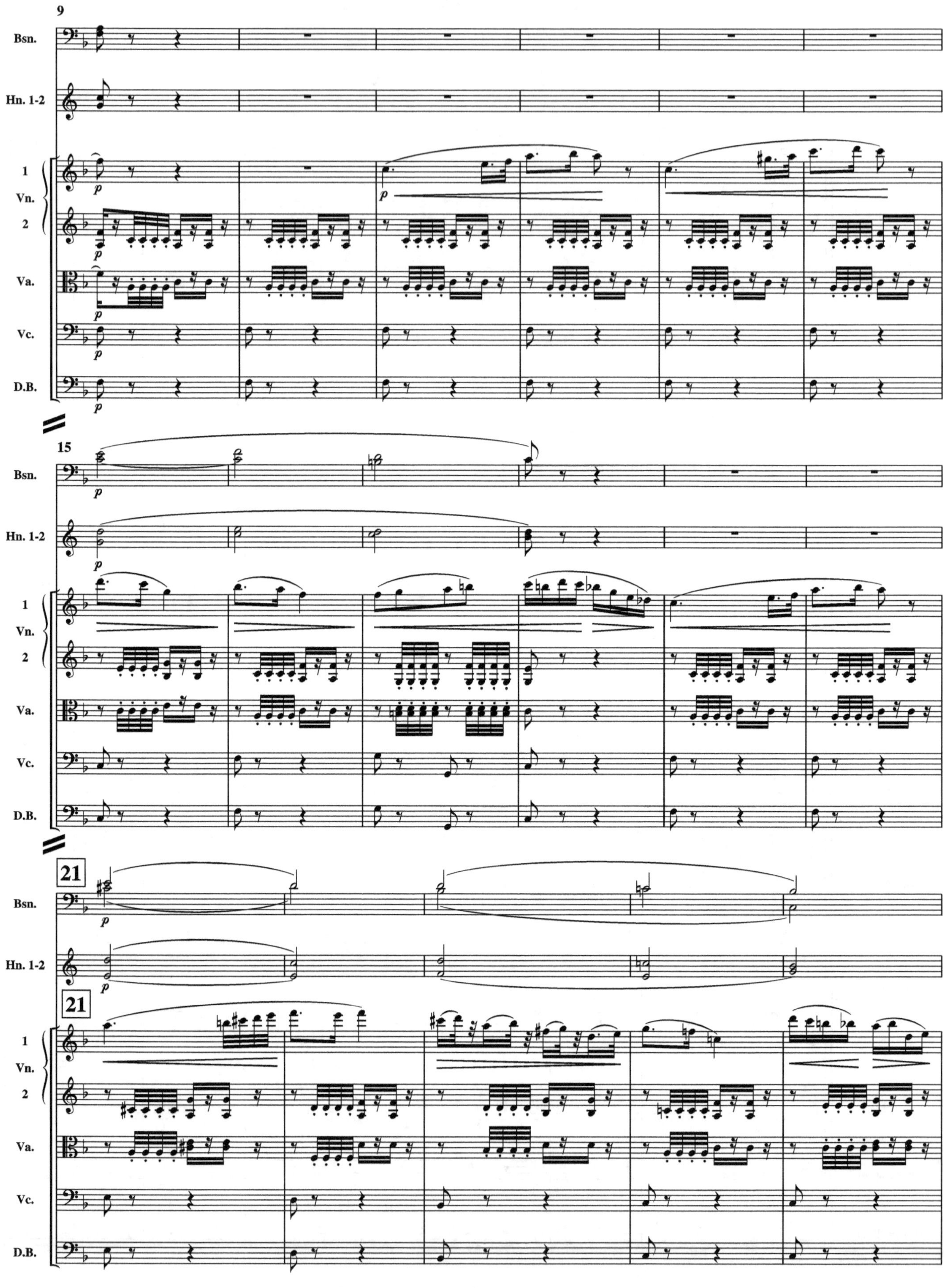
9
Bsn.
Hn. 1-2
1
Vn.
2
Va.
Vc.
D.B.
p
15
21

26
Fl.
Picc.
Ob.
Cl.
Bsn.
1-2
Hn.
3-4
1-2
Tpt.
3-4
Tbn. 1-2
Tbn. 3
Tuba
Timp.
B.D.
1
Vn.
2
Va.
Vc.
D.B.

30
Fl.
Picc.
Ob.
Cl.
Bsn.
1-2
Hn.
3-4
1-2
Tpt.
3-4
Tbn. 1-2
Tbn. 3
Tuba
Timp.
B.D.
1
Vn.
2
Va.
Vc.
D.B.
1.
1.
div.
unis.

34
Bsn.
Hn. 1-2
Vn. 1
Vn. 2
Va.
Vc.
D.B.
40
Fl.
Picc.
Ob.
Cl.
Bsn.
Hn. 1-2
Hn. 3-4
Tpt. 1-2
Tpt. 3-4
Tbn. 1-2
Tbn. 3
Tuba
Timp.
p cresc.
[mf]
[p]
a 2
trem.
tr
ff

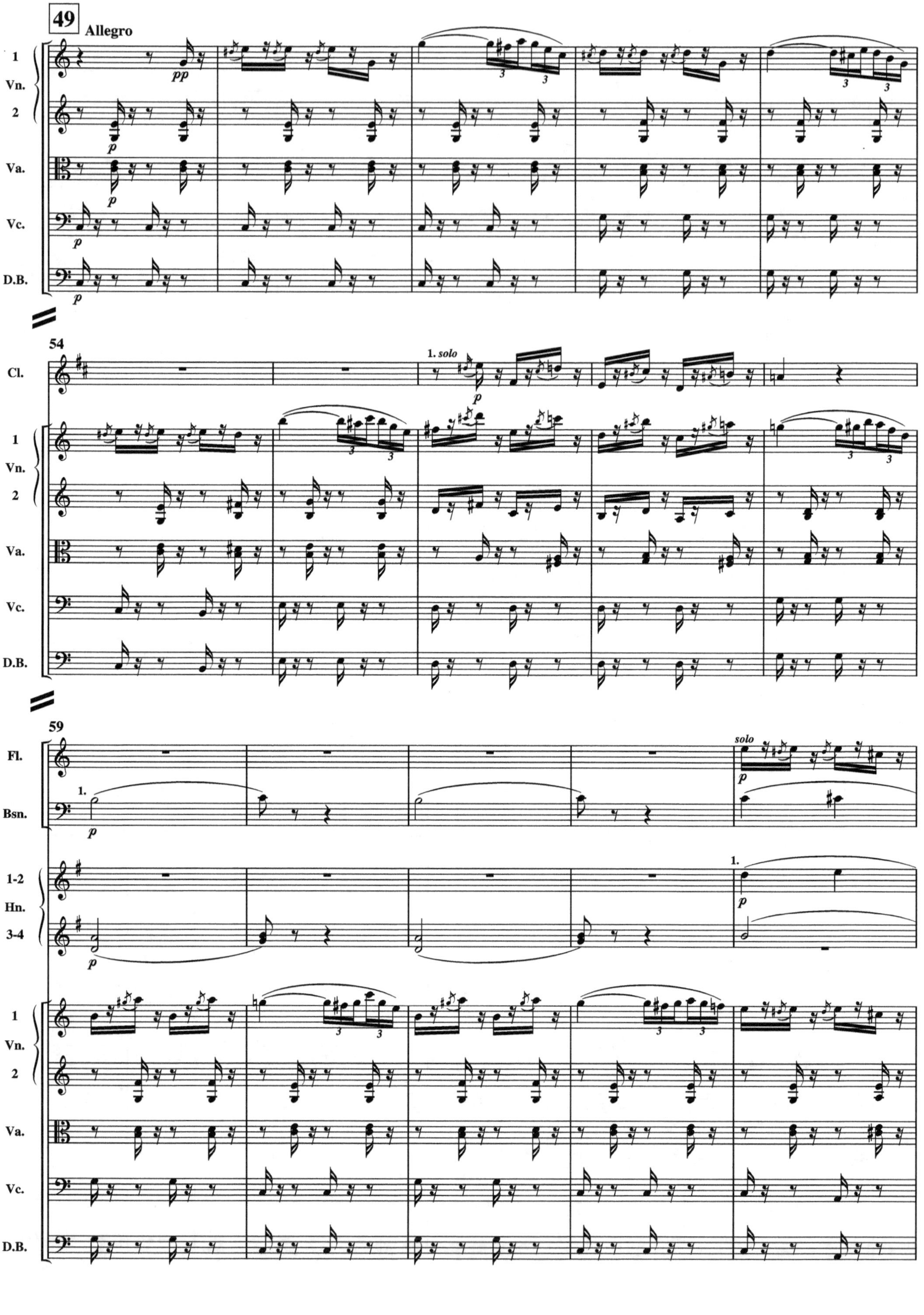
49
Allegro
Vn. 1 2
pp
p
Va.
Vc.
D.B.
54
Cl.
1. solo
59
Fl.
Bsn.
1.
solo
1-2 Hn. 3-4

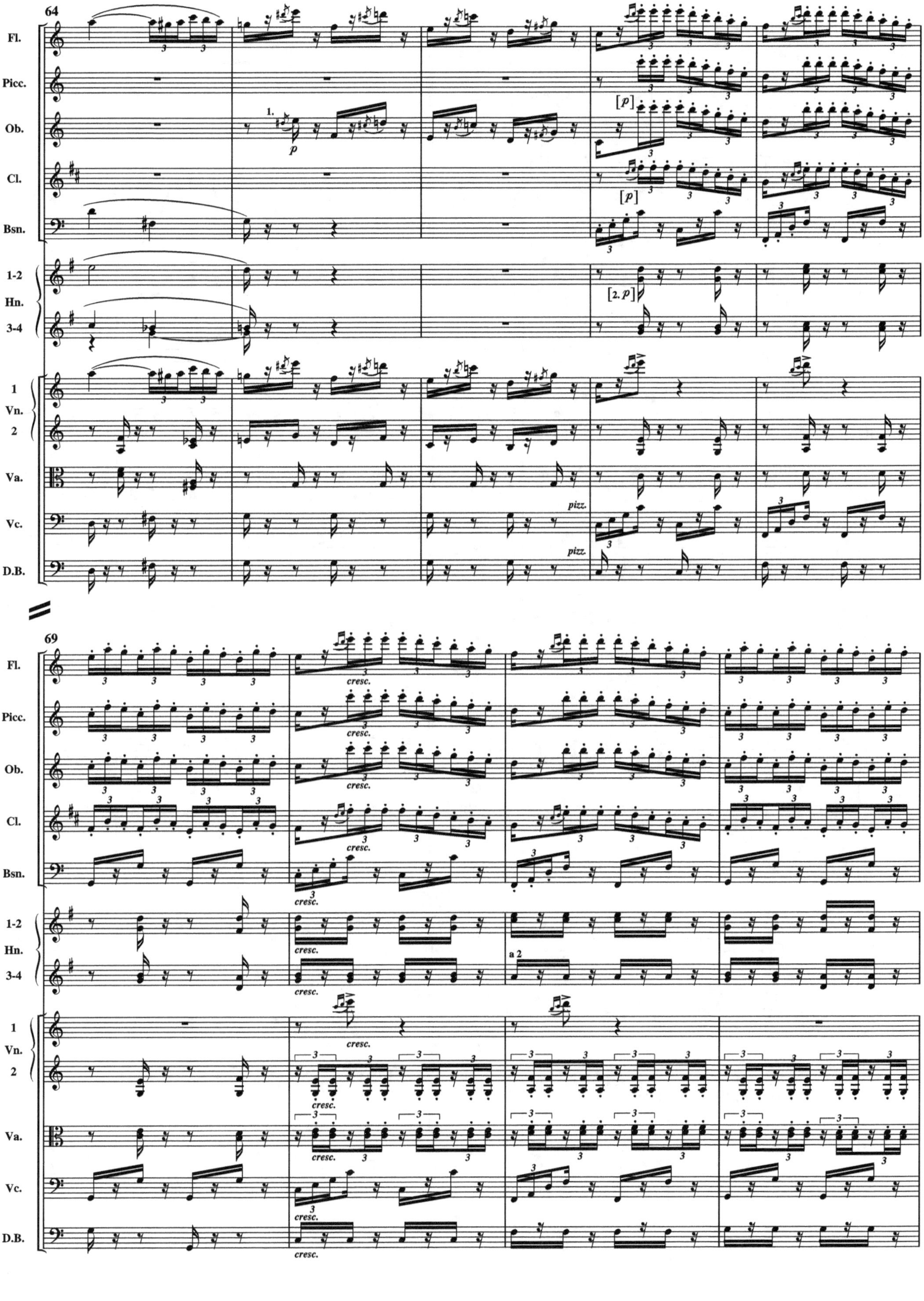
64
Fl.
Picc.
Ob.
Cl.
Bsn.
1-2
Hn.
3-4
1
Vn.
2
Va.
Vc.
D.B.
1.
p
[p]
[2. p]
pizz.
69
cresc.
a 2

73
76
Allegro
Fl.
Picc.
Ob.
Cl.
Bsn.
Hn.
1-2
3-4
Tpt.
1-2
3-4
Tbn. 1-2
Tbn. 3
Tuba
Timp.
B.D.
Vn.
1
2
Va.
Vc.
D.B.
cresc.
2. p cresc.
a 2
mf cresc.
Tuba
p cresc.
arco

79
Fl.
Picc.
Ob.
Cl.
1-2
Hn.
3-4
a 2
1
Vn.
2
Va.
Vc.
D.B.
84
Fl.
Picc.
Ob.
Cl.
Bsn.
p
1-2
Hn.
3-4
a 2
Tpt. 1-2
p
Tbn. 3
Tuba
Tuba
p
1
Vn.
2
Va.
Vc.
D.B.

10

98
Fl.
Picc.
Ob.
Cl.
Bsn.
1-2
Hn.
3-4
a 2
a 2
1-2
Tpt.
3-4
Tbn. 1-2
Tbn. 3
Tuba
Timp.
B.D.
1
Vn.
2
Va.
Vc.
D.B.

102
Fl.
Picc.
Ob.
Cl.
Bsn.
1-2
Hn.
3-4
1-2
Tpt.
3-4
Tbn. 1-2
Tbn. 3
Tuba
Timp.
B.D.
1
Vn.
2
Va.
Vc.
D.B.
1.
a 2
cresc.
[p] cresc.
p
f
arco

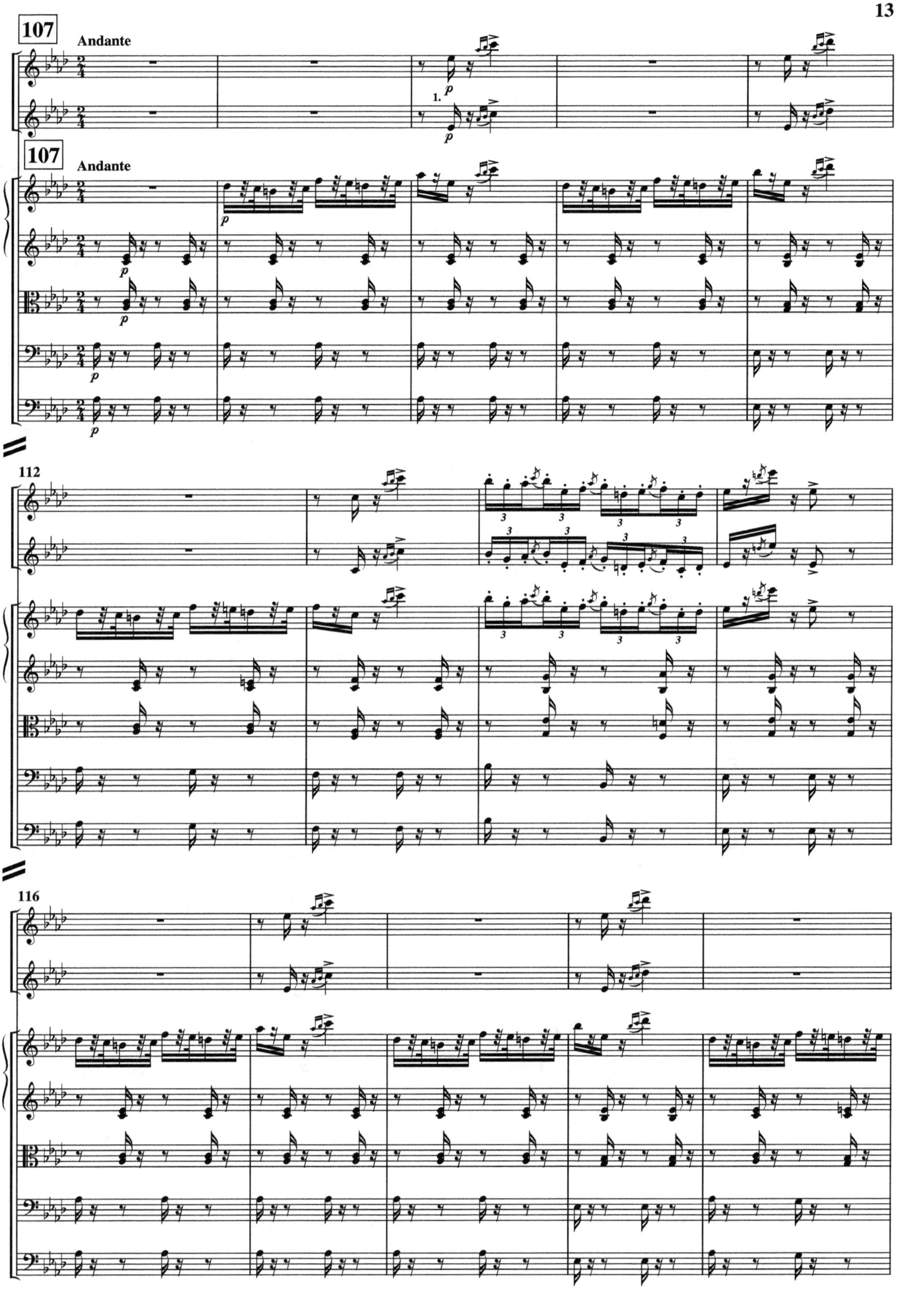
107
Andante
Fl.
Ob.
1.
p
107
Andante
1
Vn.
2
Va.
Vc.
D.B.
112
3
116

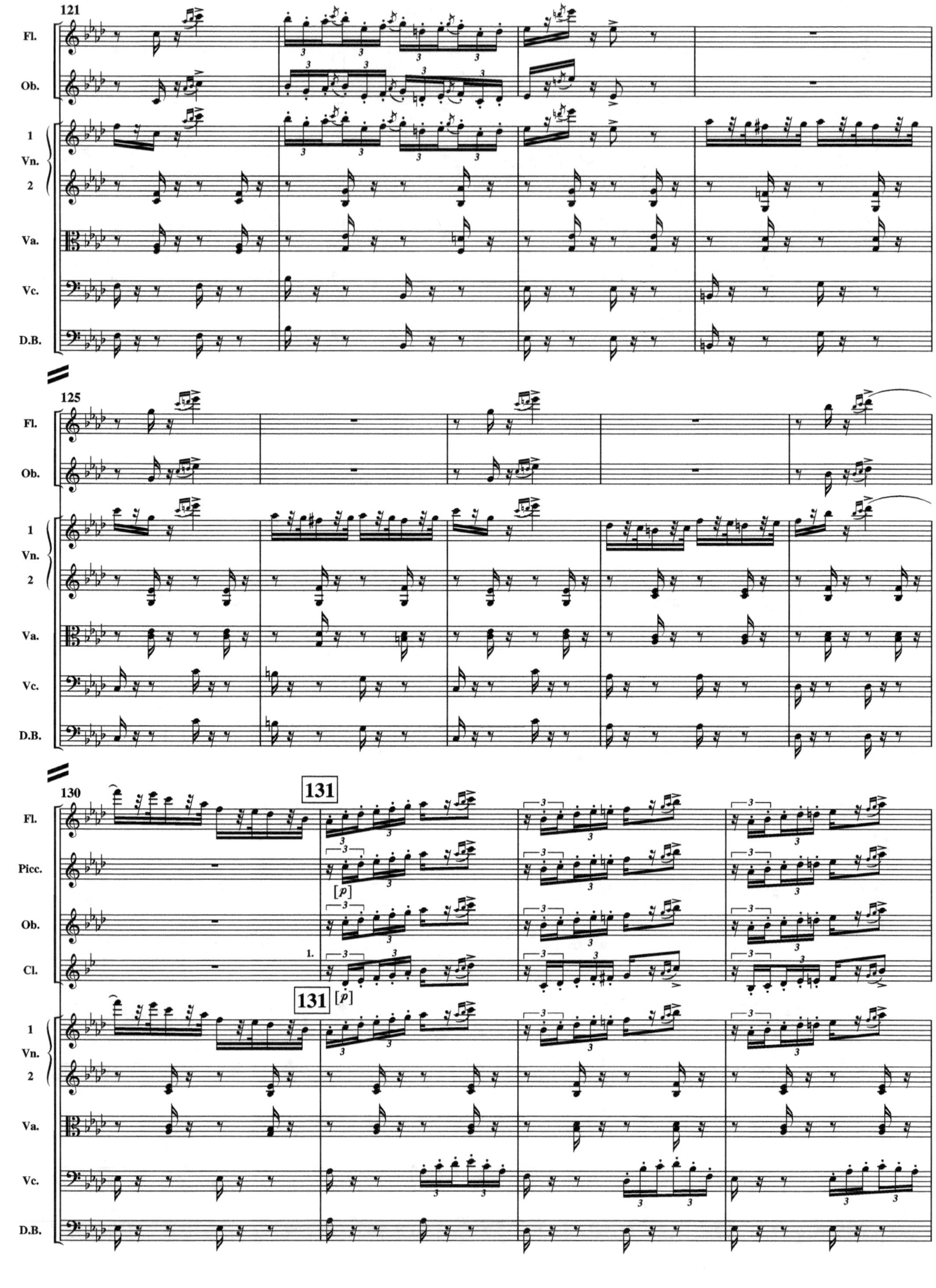
121
Fl.
Ob.
1
Vn.
2
Va.
Vc.
D.B.
125
130
131
Picc.
Cl.
[p]
1.

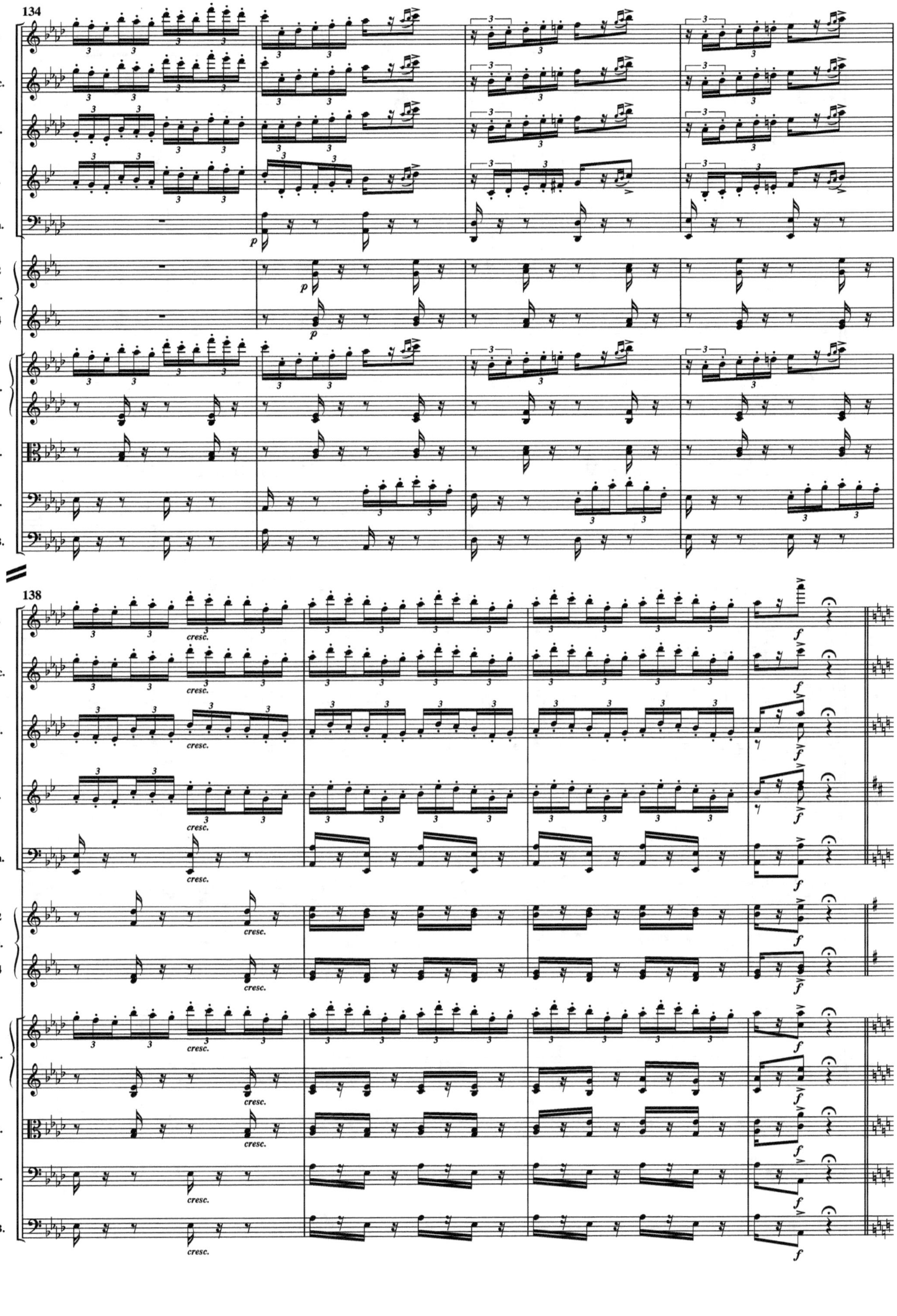
134
Fl.
Picc.
Ob.
Cl.
Bsn.
1-2
Hn.
3-4
1
Vn.
2
Va.
Vc.
D.B.
p
138
cresc.
f

16

169
Fl.
Ob.
1
Vn.
2
Va.
Vc.
D.B.
178
181
Fl.
Picc.
Ob.
p
181
1
Vn.
2
Va.
Vc.
D.B.
187
Fl.
Picc.
Ob.
Cl.
1.
p
cresc.
ff
1
Vn.
2
Va.
Vc.
D.B.

197
Galop
Fl.
Picc.
Ob.
Cl.
Bsn.
1-2
Hn.
3-4
1-2
Tpt.
3-4
Tbn. 1-2
Tbn. 3
Tuba
Timp.
B.D.
197
Galop
1
Vn.
2
Va.
Vc.
D.B.
f
ff
p
1.
a 2
Tuba
cresc. poco a poco

206
Fl.
Picc.
Ob.
Cl.
Bsn.
1-2
Hn.
3-4
1-2
Tpt.
3-4
Tbn. 1-2
Tbn. 3
Tuba
Timp.
B.D.
1
Vn.
2
Va.
Vc.
D.B.
f
p

215
Fl.
Picc.
Ob.
1.
Cl.
1.
Bsn.
a 2
1-2
Hn.
3-4
1-2
Tpt.
3-4
Tbn. 1-2
Tbn. 3
Tuba
Timp.
B.D.
1
Vn.
2
Va.
Vc.
D.B.

* Trumpet 1-2: Sources have

233
Fl.
Picc.
Ob.
Cl.
Bsn.
1-2
Hn.
3-4
1-2
Tpt.
3-4
a 2
Tbn. 1-2
Tbn. 3
Tuba
Timp.
B.D.
1
Vn.
2
Va.
Vc.
D.B.

242
Fl.
Picc.
Ob.
Cl.
Bsn.
Hn. 1-2
Hn. 3-4
Tpt. 1-2
Tpt. 3-4
Tbn. 1-2
Tbn. 3 Tuba
Tuba
Timp.
B.D.
Vn. 1
Vn. 2
Va.
Vc.
D.B.
a 2
1.
dim.
p
pp

251
Fl.
Picc.
Ob.
Cl.
Bsn.
1.
1-2
Hn.
3-4
a 2
a 2
1-2
Tpt.
3-4
Tbn. 1-2
Tbn. 3
Tuba
Timp.
B.D.
1
Vn.
2
Va.
Vc.
D.B.

260
264
Fl.
Picc.
Ob.
Cl.
Bsn.
a 2
ff
1-2
Hn.
3-4
Tpt.
Tbn. 1-2
Tbn. 3
Tuba
Timp.
B.D.
p cresc. poco a poco
1
Vn.
2
Va.
Vc.
D.B.

269
Fl.
Picc.
Ob.
Cl.
Bsn.
1-2
Hn.
3-4
1-2
Tpt.
3-4
Tbn. 1-2
Tbn. 3
Tuba
Timp.
B.D.
1
Vn.
2
Va.
Vc.
D.B.
1.
2.
a 2
f
ff

278
Fl.
Picc.
Ob.
Cl.
Bsn.
1-2
Hn.
3-4
1-2
Tpt.
3-4
Tbn. 1-2
Tbn. 3
Tuba
Timp.
B.D.
1
Vn.
2
Va.
Vc.
D.B.
f
a 2
1.

287
Fl.
Picc.
Ob.
Cl.
Bsn.
1-2
Hn.
3-4
1-2
Tpt.
3-4
Tbn. 1-2
Tbn. 3
Tuba
Timp.
B.D.
1
Vn.
2
Va.
Vc.
D.B.
a 2
f

299
296
Fl.
Picc.
Ob.
Cl.
Bsn.
1-2
Hn.
3-4
a 2
1-2
Tpt.
3-4
f
a 2
Tbn. 1-2
Tbn. 3
Tuba
Timp.
f
B.D.
f
299
1
Vn.
2
Va.
Vc.
D.B.

304
Fl.
Picc.
Ob.
Cl.
Bsn.
1-2
Hn.
3-4
1-2
Tpt.
3-4
Tbn. 1-2
Tbn. 3
Tuba
Timp.
B.D.
1
Vn.
2
Va.
Vc.
D.B.

2. Pas de Deux

Allegro moderato assai
Flute
Piccolo
Oboe 1-2
Clarinet 1-2 in A
Bassoon 1-2
1-2
Horn in F
3-4
a 2
1-2
Trumpet in B♭
3-4
Trombone 1-2
Trombone 3
Tuba
Timpani
Bass Drum
Allegro moderato assai
1
Violin
2
Viola
Violoncello
Double Bass
ff

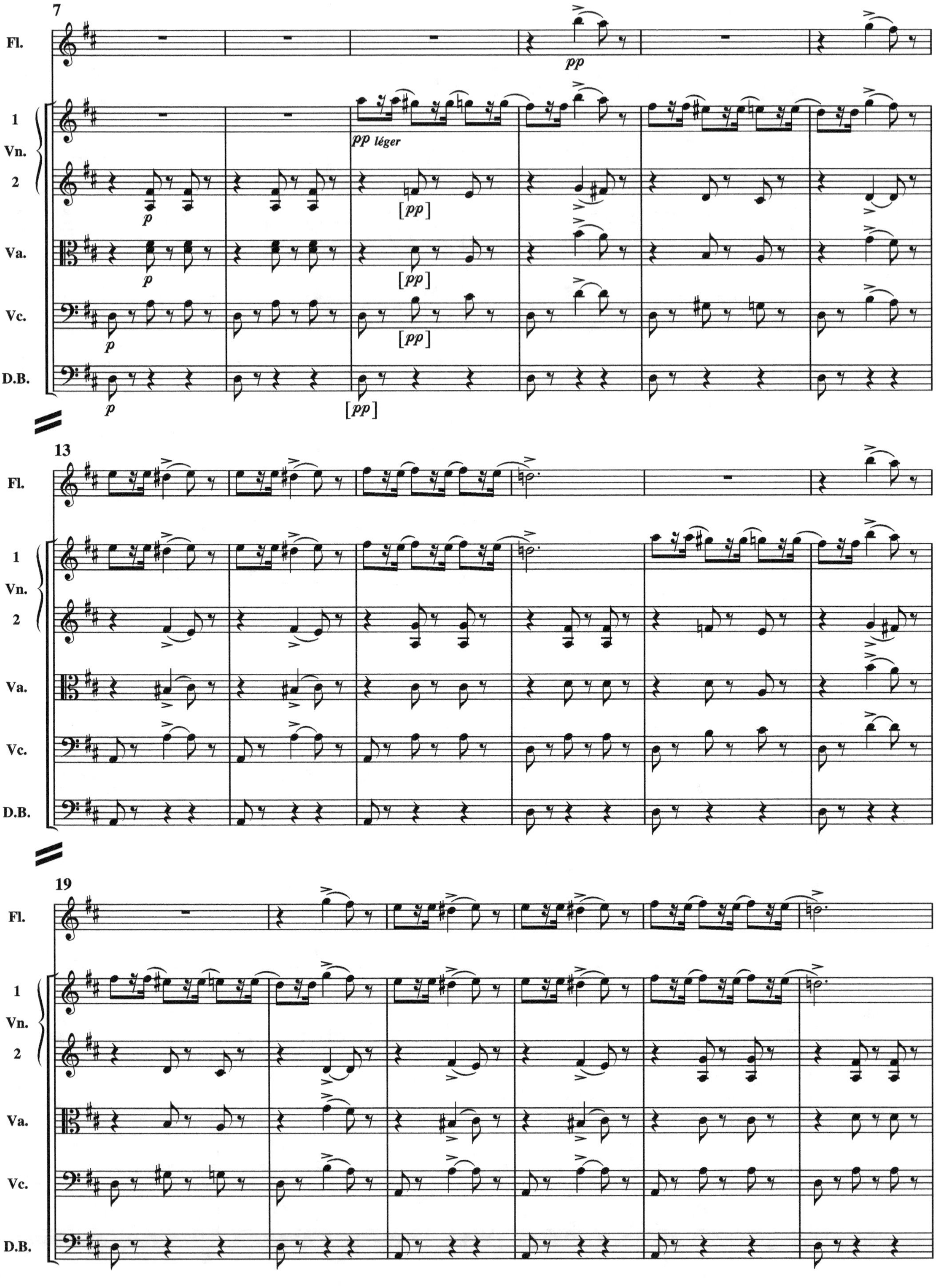
7
Fl.
Vn. 1
Vn. 2
Va.
Vc.
D.B.
pp
p
pp léger
[pp]
13
19

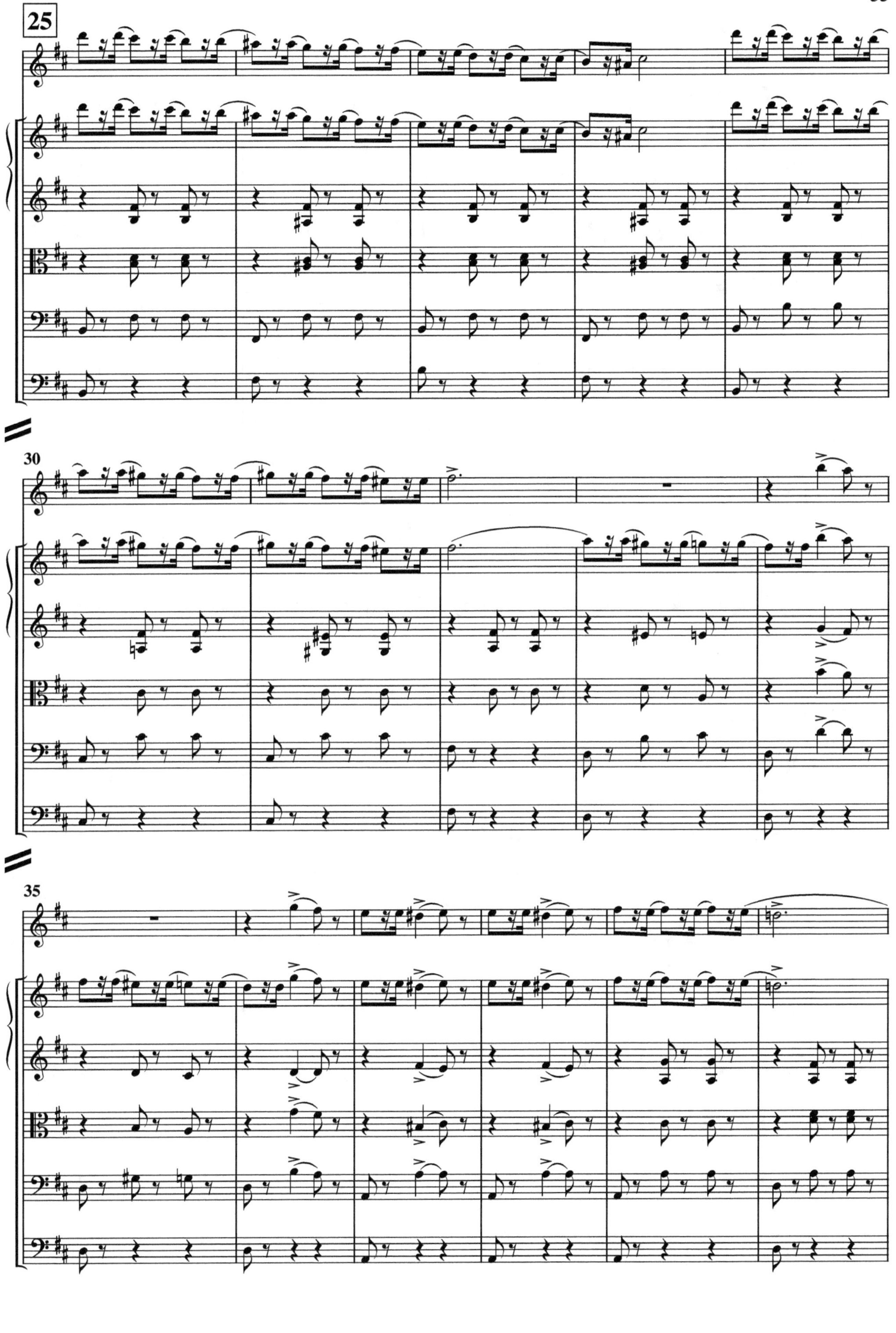
25
Fl.
1
Vn.
2
Va.
Vc.
D.B.
30
Fl.
1
Vn.
2
Va.
Vc.
D.B.
35
Fl.
1
Vn.
2
Va.
Vc.
D.B.

41
Fl.
Picc.
pp
1.
Ob.
pp
1.
Cl.
pp
Hn. 1-2
pp
41
1
Vn.
2
Va.
Vc.
D.B.
47
Fl.
Picc.
Ob.
Cl.
Hn. 1-2
1
Vn.
2
Va.
Vc.
D.B.

53
Fl.
Picc.
Ob.
Cl.
Hn. 1-2
a 2
[2. pp]
[2. pp]
1
Vn.
2
pp
Va.
Vc.
D.B.
59
Fl.
Ob.
Cl.
1.
Hn. 1-2
1
Vn.
2
tr
Va.
Vc.
D.B.

65
Fl.
Picc.
Ob.
Cl.
Bsn.
Hn. 1-2
1
Vn.
2
Va.
Vc.
D.B.
a 2
tr
ff
71
Allegro non troppo
p

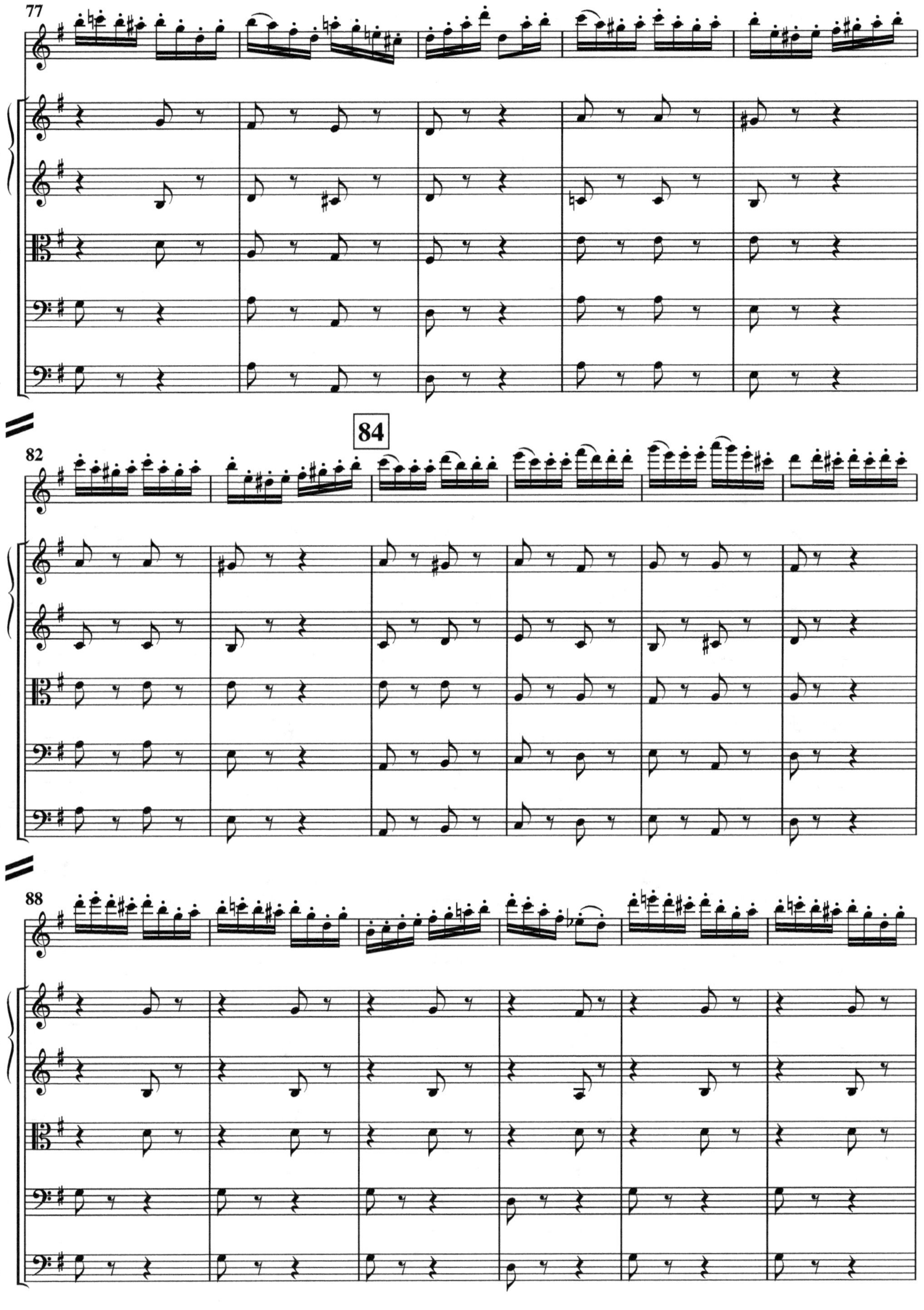
77
Fl.
1
Vn.
2
Va.
Vc.
D.B.
82
84
88

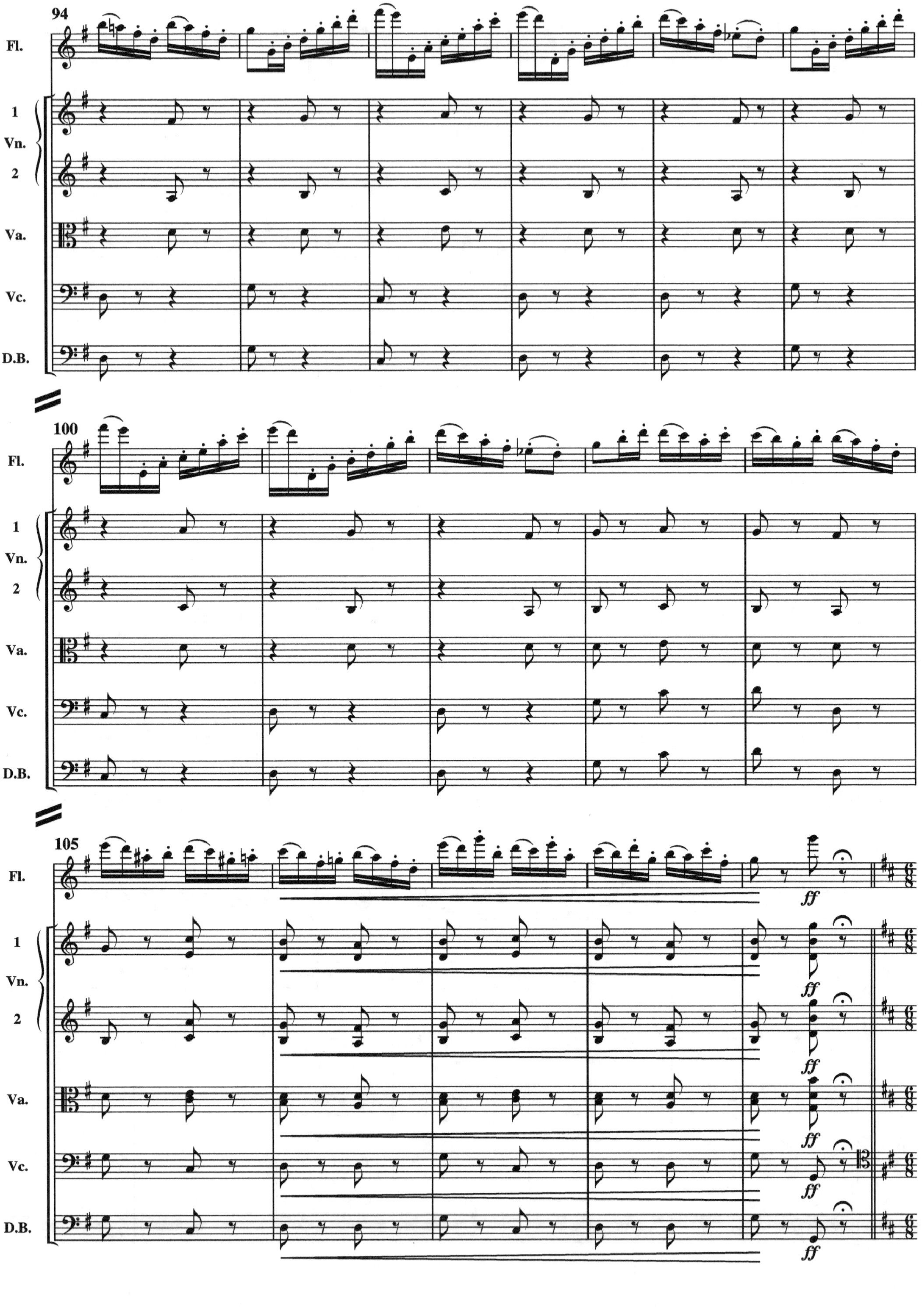
94
Fl.
1
Vn.
2
Va.
Vc.
D.B.
100
Fl.
1
Vn.
2
Va.
Vc.
D.B.
105
Fl.
ff
1
Vn.
2
Va.
Vc.
D.B.
ff

110
Tempo di valzer
Fl.
Picc.
Ob.
Cl.
Bsn.
1-2
Hn.
3-4
1-2
Tpt.
3-4
Tbn. 1-2
Tbn. 3
Tuba
Timp.
B.D.
a 2
1.
Tuba
p
110
Tempo di valzer
1
Vn.
2
Va.
Vc.
D.B.

116
Fl.
Picc.
Ob.
Cl.
Bsn.
Hn. 1-2
Hn. 3-4
Tpt. 1-2
Tpt. 3-4
Tbn. 1-2
Tbn. 3
Tuba
Timp.
B.D.
Vn. 1
Vn. 2
Va.
Vc.
D.B.
[mf]
[p]
[p sempre]
a 2

121
Fl.
Bsn.
1-2
Hn.
3-4
a 2
Tuba
1
Vn.
2
Va.
Vc.
D.B.
126
Fl.
Picc.
[p]
Ob.
1.
Cl.
1.
Bsn.
1-2
Hn.
3-4
a 2
a 2
Tpt. 1-2
1.
p
Tuba
1
Vn.
2
Va.
Vc.
D.B.

134
132
Fl.
[mf]
Picc.
[mf]
[mf]
Ob.
[2. mf]
[mf]
Cl.
[2. mf]
Bsn.
[p sempre]
1-2
Hn.
3-4
[p sempre]
a 2
[p sempre]
a 2
a 2
1-2
Tpt.
3-4
[mf]
Tbn. 1-2
Tbn. 3
Tuba
Timp.
B.D.
134
1
Vn.
2
[mf]
[p sempre]
Va.
[p sempre]
Vc.
[mf]
D.B.
[p sempre]

137
Fl.
Picc.
Ob.
Cl.
Bsn.
1-2
Hn.
3-4
a 2
a 2
a 2
1-2
Tpt.
3-4
Tbn. 1-2
Tbn. 3
Tuba
Timp.
B.D.
1
Vn.
2
mf
Va.
Vc.
D.B.

141
Fl.
Picc.
Ob.
Cl.
Bsn.
1-2
Hn.
3-4
1-2
Tpt.
3-4
Tbn. 1-2
Tbn. 3
Tuba
Timp.
B.D.
1
Vn.
2
Va.
Vc.
D.B.
a 2
a 2
a 2
[mf] cresc.
[mf] cresc.
p cresc.
p cresc.
cresc.

145
Fl.
Picc.
Ob.
Cl.
Bsn.
1-2
Hn.
3-4
a 2
1-2
Tpt.
3-4
mf cresc.
Tbn. 1-2
Tbn. 3
Tuba
Timp.
B.D.
1
Vn.
2
Va.
Vc.
D.B.
ff

149
Allegro vivace
Fl.
Picc.
Ob.
a 2
Cl.
a 2
f
p
1.
149
Allegro vivace
1
Vn.
2
Va.
Vc.
D.B.
156
Fl.
Cl.
1
Vn.
2
Va.
Vc.
D.B.

161
Fl.
Picc.
Ob.
Cl.
Bsn.
1-2
Hn.
3-4
1-2
Tpt.
3-4
a 2
Tbn. 1-2
Tbn. 3
Tuba
Timp.
B.D.
161
1
Vn.
2
Va.
Vc.
D.B.

166
Fl.
Picc.
Ob.
Cl.
Bsn.
1-2
Hn.
3-4
1-2
Tpt.
3-4
Tbn. 1-2
Tbn. 3
Tuba
Timp.
B.D.
1
Vn.
2
Va.
Vc.
D.B.
a 2
a 2
a 2
a 2
1.
ff
ff [sub.]
ff

171
Fl.
Picc.
Ob.
a 2
Cl.
a 2
Bsn.
1-2
Hn.
3-4
1-2
Tpt.
3-4
Tbn. 1-2
Tbn. 3
Tuba
a 2
Timp.
B.D.
1
Vn.
2
Va.
Vc.
D.B.

176
Fl.
Picc.
Ob.
Cl.
Bsn.
1-2
Hn.
3-4
Tpt. 1-2
Tbn. 1-2
Tbn. 3
Tuba
Timp.
1
Vn.
2
Va.
Vc.
D.B.
1.
p
pp
181
a 2
[p]

186
Fl.
ff
Picc.
ff
a 2
Ob.
ff
Cl.
ff
Bsn.
ff
1-2
Hn.
3-4
ff
ff
1-2
Tpt.
3-4
ff
a 2
ff
Tbn. 1-2
ff
Tbn. 3
Tuba
ff
Timp.
ff
B.D.
ff
186
1
Vn.
2
ff
ff
Va.
ff
Vc.
ff
D.B.
ff

191
Fl.
Picc.
Ob.
Cl.
Bsn.
1-2
Hn.
3-4
1-2
Tpt.
3-4
Tbn. 1-2
Tbn. 3
Tuba
Timp.
B.D.
1
Vn.
2
Va.
Vc.
D.B.
p
p
p
1.
p
1.
p[p]
a 2
p[p]
(a 2)
p
p[p]
p[p]
pp
pp

196
Fl.
Picc.
Ob.
Cl.
Bsn.
1-2
Hn.
3-4
1-2
Tpt.
3-4
Tbn. 1-2
Tbn. 3
Tuba
Timp.
B.D.
1
Vn.
2
Va.
Vc.
D.B.
2. p
1.
p

201
Fl.
Picc.
Ob.
Cl.
Bsn.
1-2
Hn.
3-4
1-2
Tpt.
3-4
Tbn. 1-2
a 2
Tbn. 3
Tuba
Timp.
B.D.
201
1
Vn.
2
Va.
Vc.
D.B.
ff
f
p
p [p]
1.

206
Fl.
Picc.
Ob.
Cl.
Bsn.
1-2
Hn.
3-4
1-2
Tpt.
3-4
Tbn. 1-2
Tbn. 3
Tuba
Timp.
B.D.
1
Vn.
2
Va.
Vc.
D.B.
ff
f
a 2

Più mosso
213
211
Fl.
Picc.
Ob.
Cl.
Bsn.
1-2
Hn.
3-4
1-2
Tpt.
3-4
Tbn. 1-2
Tbn. 3
Tuba
Timp.
B.D.
213 Più mosso
1
Vn.
2
Va.
Vc.
D.B.

216
Fl.
Picc.
Ob.
Cl.
Bsn.
1-2
Hn.
3-4
1-2
Tpt.
3-4
a 2
Tbn. 1-2
Tbn. 3
Tuba
Timp.
B.D.
1
Vn.
2
Va.
Vc.
D.B.

220
Fl.
Picc.
Ob.
Cl.
Bsn.
1-2
Hn.
3-4
1-2
Tpt.
3-4
a 2
Tbn. 1-2
Tbn. 3
Tuba
Timp.
B.D.
1
Vn.
2
Va.
Vc.
D.B.
ff
f

225
Fl.
Picc.
Ob.
Cl.
Bsn.
1-2
Hn.
3-4
1-2
Tpt.
3-4
Tbn. 1-2
Tbn. 3
Tuba
Timp.
B.D.
1
Vn.
2
Va.
Vc.
D.B.

3. Pas Solo

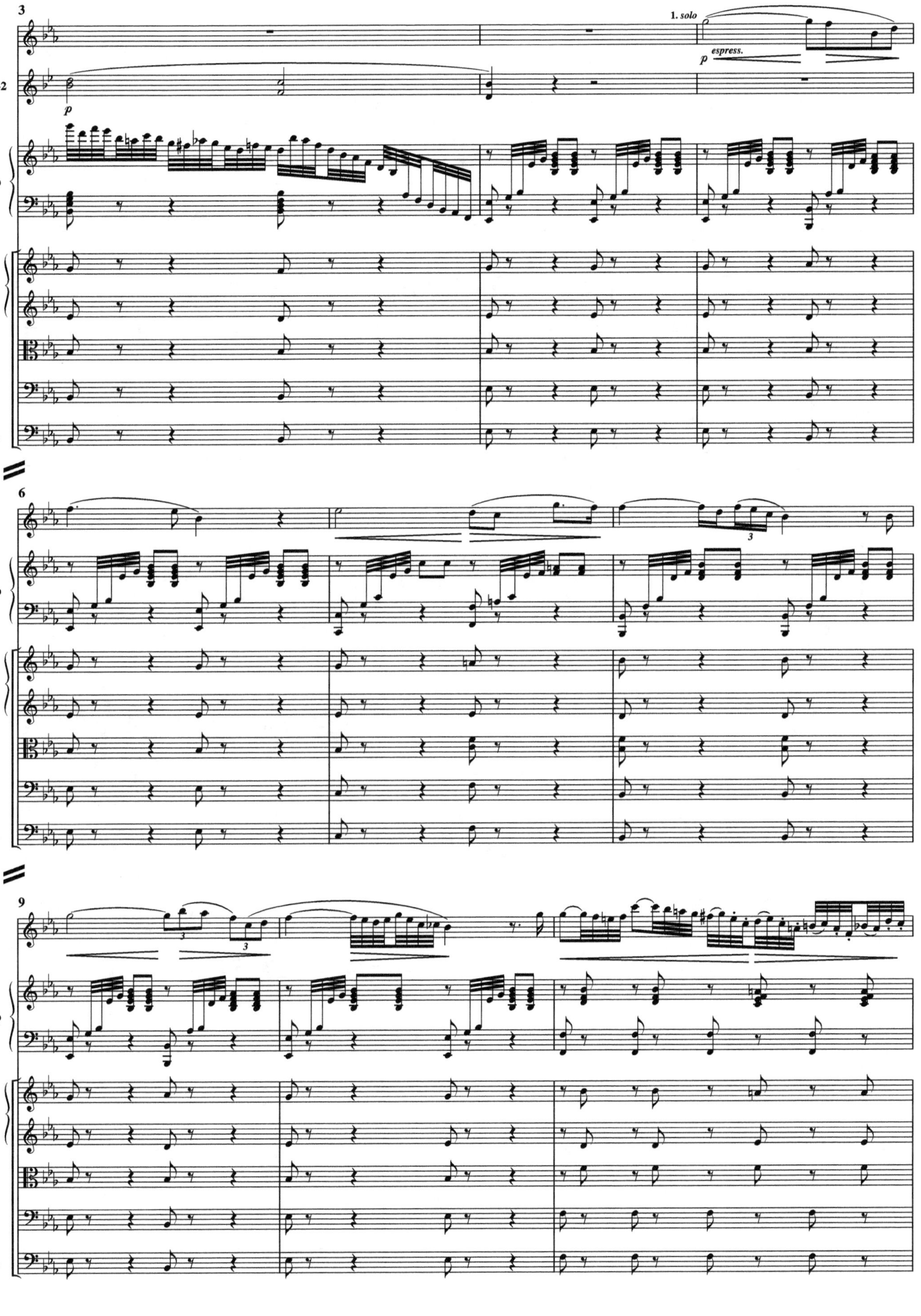
3
Ob.
Hn. 1-2
Harp
Vn.
1
2
Va.
Vc.
D.B.
1. solo
p
espress.
p
6
9
3

62

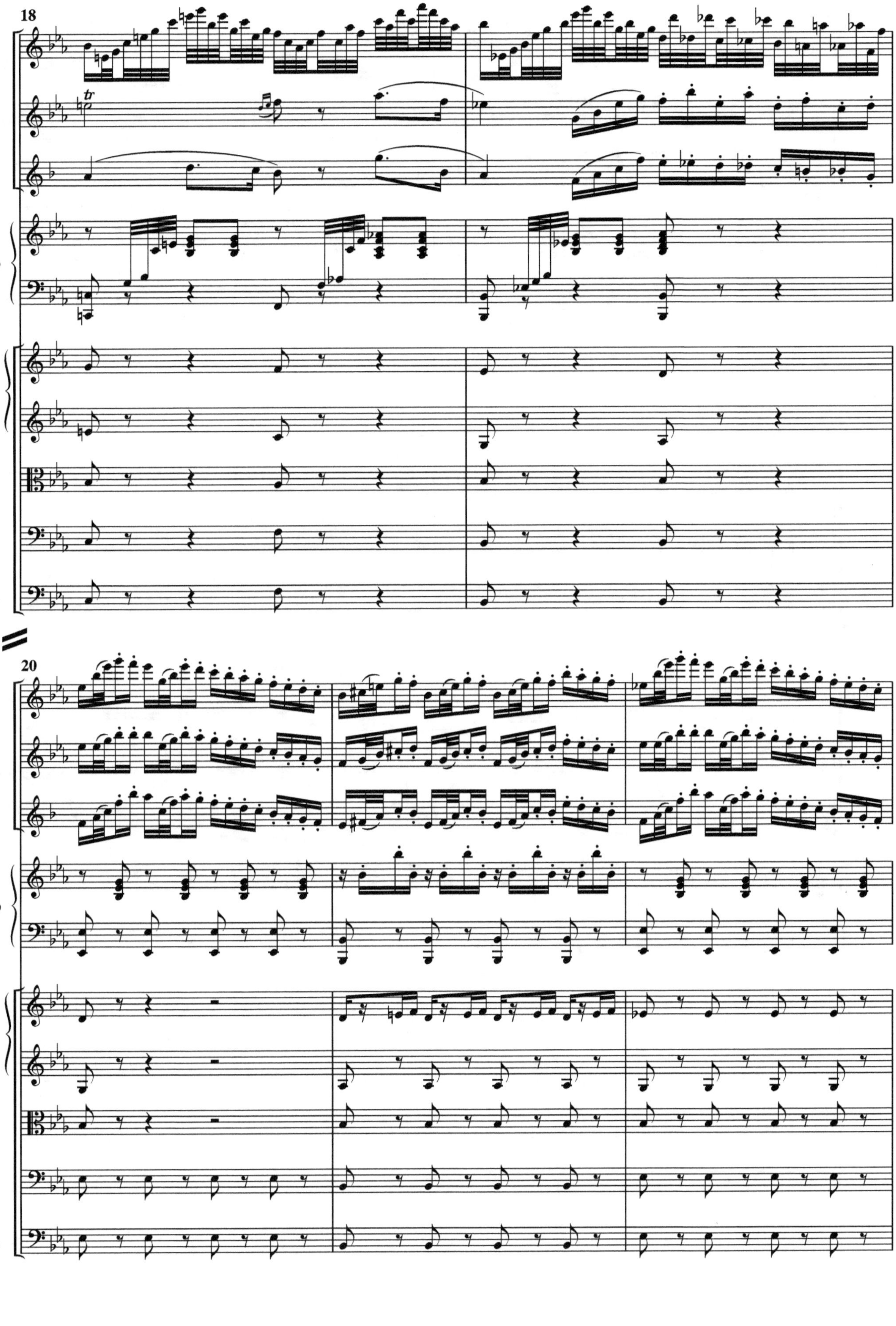
18
Fl.
Ob.
Cl.
Harp
1
Vn.
2
Va.
Vc.
D.B.
20
Fl.
Ob.
Cl.
Harp
1
Vn.
2
Va.
Vc.
D.B.

64

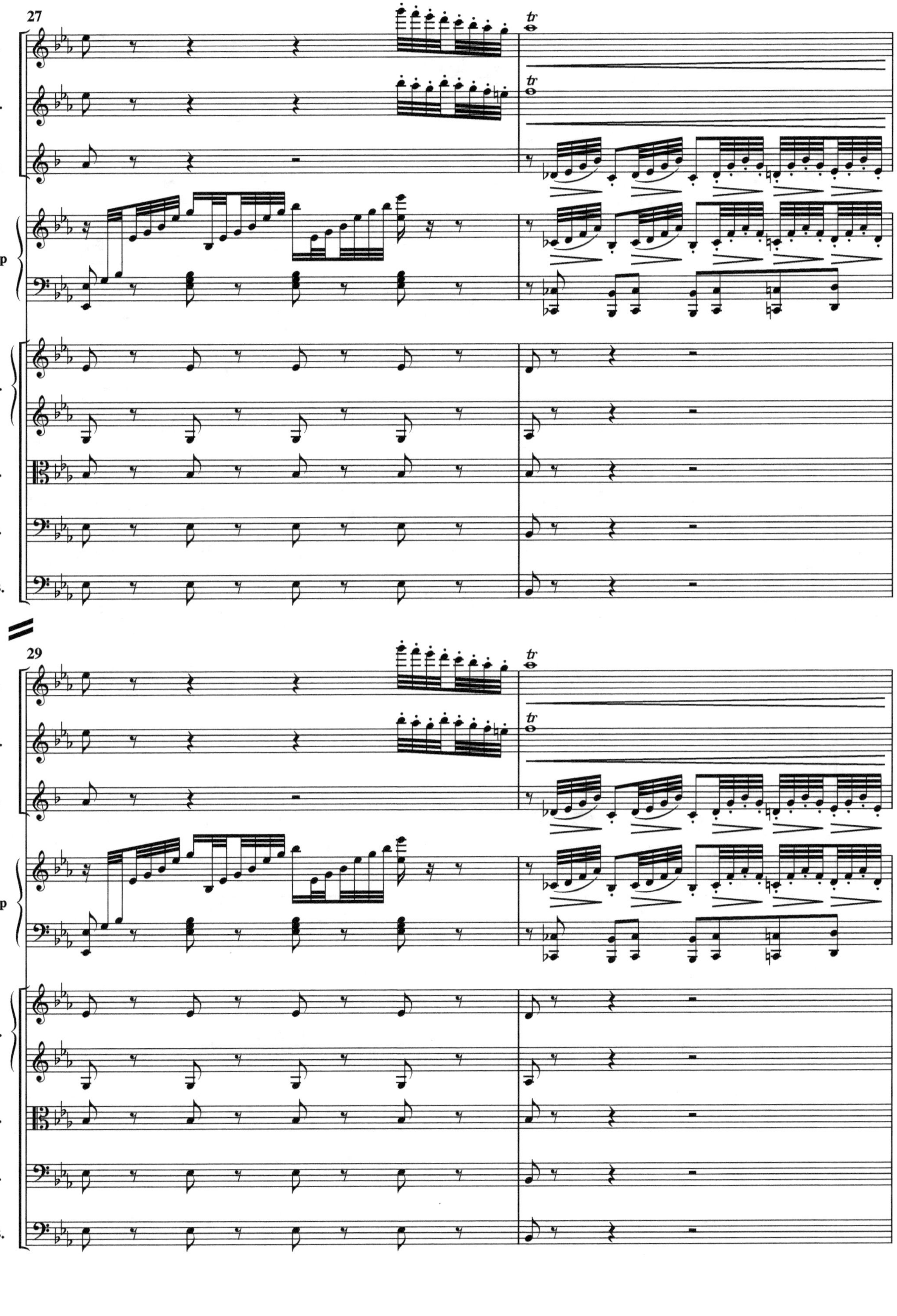
27
Fl.
Ob.
Cl.
Harp
1
Vn.
2
Va.
Vc.
D.B.
tr
29
Fl.
Ob.
Cl.
Harp
1
Vn.
2
Va.
Vc.
D.B.
tr

31
33
Scherzando
Fl.
Picc.
Ob.
Cl.
Bsn.
1-2
Hn.
3-4
1-2
Tpt.
3-4
Tbn. 1-2
Tbn. 3
Tuba
Timp.
B.D.
Harp
1
Vn.
2
Va.
Vc.
D.B.
a 2
Tuba
arco
p
pp

35
Fl.
Picc.
Ob.
Cl.
Bsn.
1-2
Hn.
3-4
a 2
1-2
Tpt.
3-4
1.
Tbn. 1-2
Tbn. 3
Tuba
Timp.
B.D.
Harp
1
Vn.
2
Va.
Vc.
D.B.
[mf]
p

40
Fl.
Picc.
Ob.
Cl.
Bsn.
1-2
Hn.
3-4
a 2
1-2
Tpt.
3-4
1.
a 2
Tbn. 1-2
2.
a 2
Tbn. 3
Tuba
Tuba
Timp.
B.D.
Harp
1
Vn.
2
Va.
Vc.
D.B.

Fl.
Picc.
Ob.
Cl.
Bsn.
1-2
Hn.
3-4
a 2
1-2
Tpt.
3-4
Tbn. 1-2
2.
a 2
Tbn. 3
Tuba
a 2
3.
Timp.
B.D.
Harp
1
Vn.
2
Va.
Vc.
D.B.

50
Fl.
Picc.
Ob.
Cl.
Bsn.
1-2
Hn.
3-4
1-2
Tpt.
3-4
Tbn. 1-2
Tbn. 3
Tuba
Tuba
Timp.
B.D.
Harp
50
1
Vn.
2
Va.
Vc.
D.B.

55
Fl.
Picc.
Ob.
Cl.
Bsn.
1-2
Hn.
3-4
1-2
Tpt.
3-4
Tbn. 1-2
Tbn. 3
Tuba
Timp.
B.D.
Harp
1
Vn.
2
Va.
Vc.
D.B.
[mf]
2.
p
a 2

60
Fl.
Picc.
Ob.
Cl.
Bsn.
1-2
Hn.
3-4
1-2
Tpt.
3-4
Tbn. 1-2
Tbn. 3
Tuba
Timp.
B.D.
Harp
1
Vn.
2
Va.
Vc.
D.B.
a 2
[f]
p

64
Allegro moderato
Fl.
Ob.
1.
p
64
Allegro moderato
Vn.
1
2
Va.
Vc.
D.B.
pp
p léger
pizz.
70
76

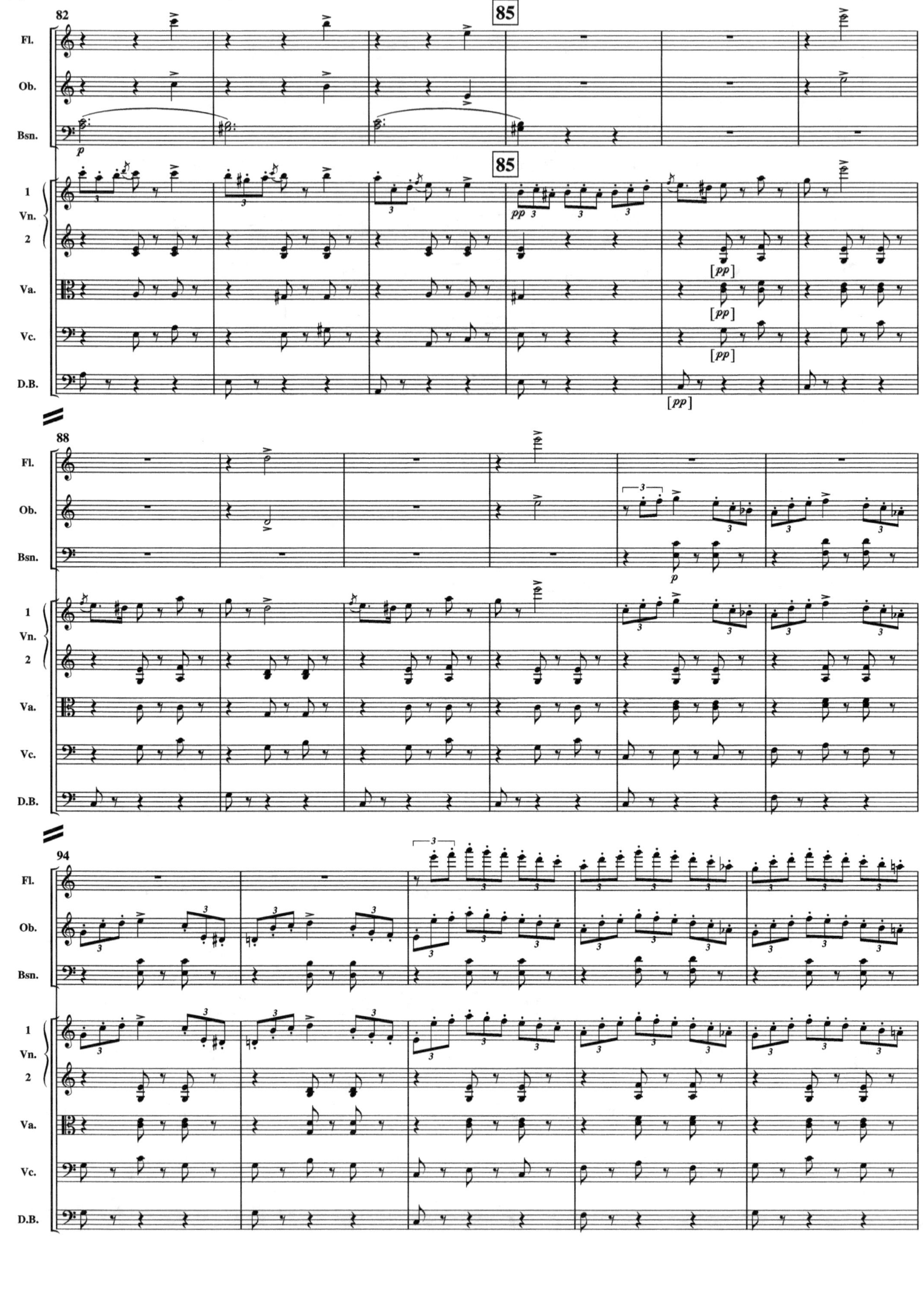
82
85
Fl.
Ob.
Bsn.
1
Vn.
2
Va.
Vc.
D.B.
p
pp
[pp]
88
94

99
Fl.
Picc.
Ob.
Bsn.
Vn.
Va.
Vc.
D.B.
cresc.
a 2
arco
105
Allegro
Moderato
Cl.
Hn.
Tpt.
Tbn. 1-2
Tbn. 3
Tuba

115
1-2
Hn.
3-4
a 2
115
1
Vn.
2
Va.
Vc.
D.B.
123
Fl.
Picc.
Ob.
Cl.
a 2
a 2
f
1-2
Hn.
3-4
a 2
p
1
Vn.
2
Va.
Vc.
D.B.
f
p

131
1-2
Hn.
3-4
a 2
1
Vn.
2
Va.
Vc.
D.B.
143
139
Fl.
p
Ob.
a 2
p
Cl.
a 2
p
1-2
Hn.
3-4
a 2
143
1
Vn.
2
Va.
Vc.
D.B.

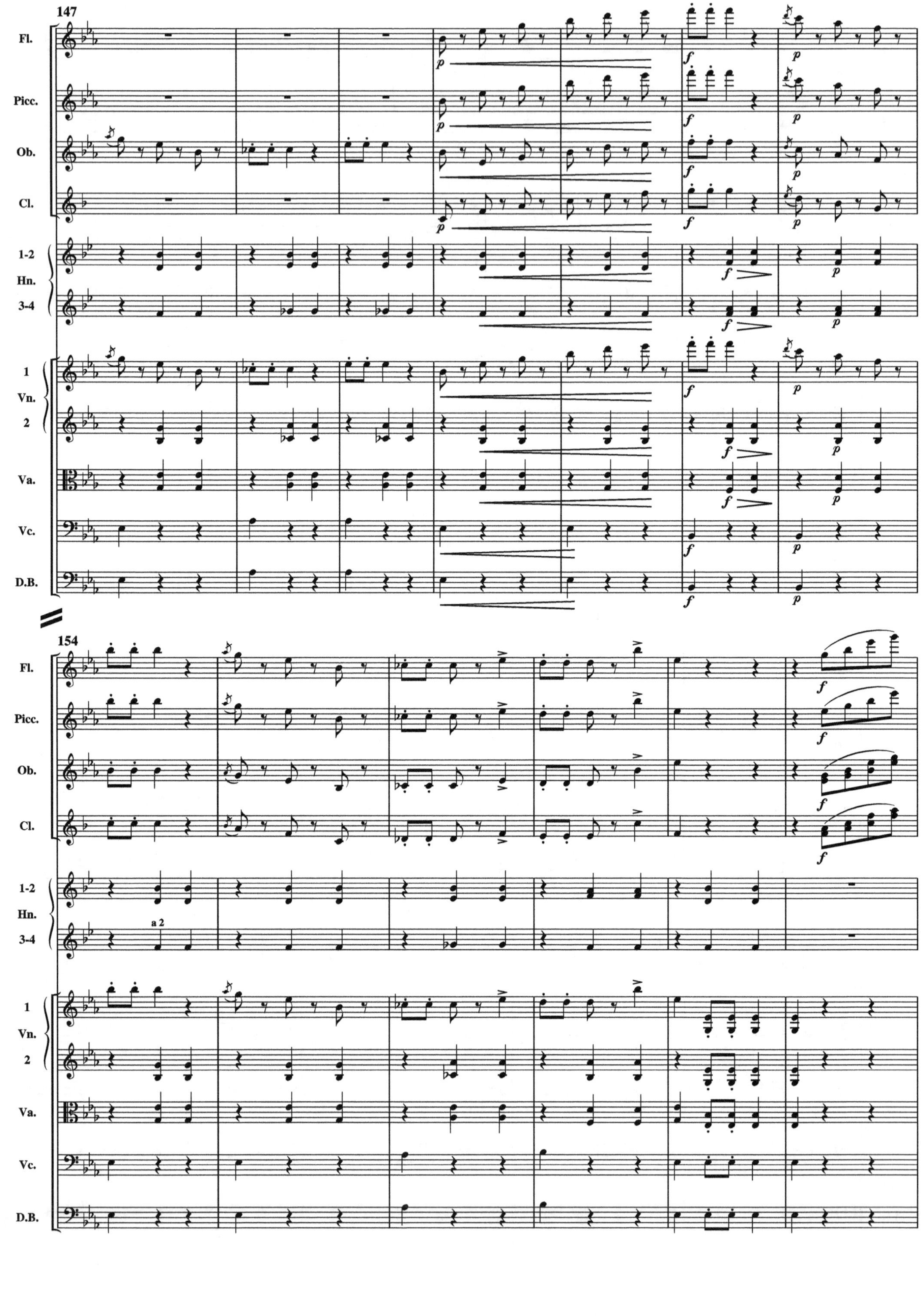
147
Fl.
Picc.
Ob.
Cl.
1-2
Hn.
3-4
1
Vn.
2
Va.
Vc.
D.B.
154
a 2

160
Fl.
Picc.
Ob.
Cl.
a 2
Bsn.
1-2
Hn.
3-4
1-2
Tpt.
3-4
Tbn. 1-2
Tbn. 3
Tuba
Timp.
B.D.
Harp
160
1
Vn.
2
Va.
Vc.
D.B.

167
Fl.
Picc.
Ob.
Cl.
Bsn.
1-2
Hn.
3-4
1-2
Tpt.
3-4
f
Tbn. 1-2
Tbn. 3
Tuba
Timp.
B.D.
Harp
1
Vn.
2
Va.
Vc.
D.B.

174
178
Fl.
Picc.
Ob.
a 2
Cl.
Bsn.
ff
1-2
Hn.
3-4
1-2
Tpt.
3-4
f
Tbn. 1-2
Tbn. 3
Tuba
Timp.
B.D.
Harp
178
1
Vn.
2
Va.
Vc.
D.B.

182
Fl.
Picc.
Ob.
Cl.
Bsn.
1-2
Hn.
3-4
1-2
Tpt.
3-4
a 2
Tbn. 1-2
Tbn. 3
Tuba
Timp.
B.D.
Harp
1
Vn.
2
Va.
Vc.
D.B.

190
Fl.
Picc.
Ob.
Cl.
Bsn.
1-2
Hn.
3-4
a 2
1-2
Tpt.
3-4
ff
a 2
Tbn. 1-2
a 2
Tbn. 3
Tuba
a 2
Timp.
B.D.
Harp
1
Vn.
2
Va.
Vc.
D.B.

198
Fl.
Picc.
take Flute
Ob.
a 2
Cl.
a 2
Bsn.
a 2
1-2
Hn.
3-4
a 2
1-2
Tpt.
3-4
a 2
a 2
Tbn. 1-2
a 2
Tbn. 3
Tuba
Timp.
B.D.
ff
ff
Harp
1
Vn.
2
Va.
Vc.
D.B.

4. Pas d'Ensemble

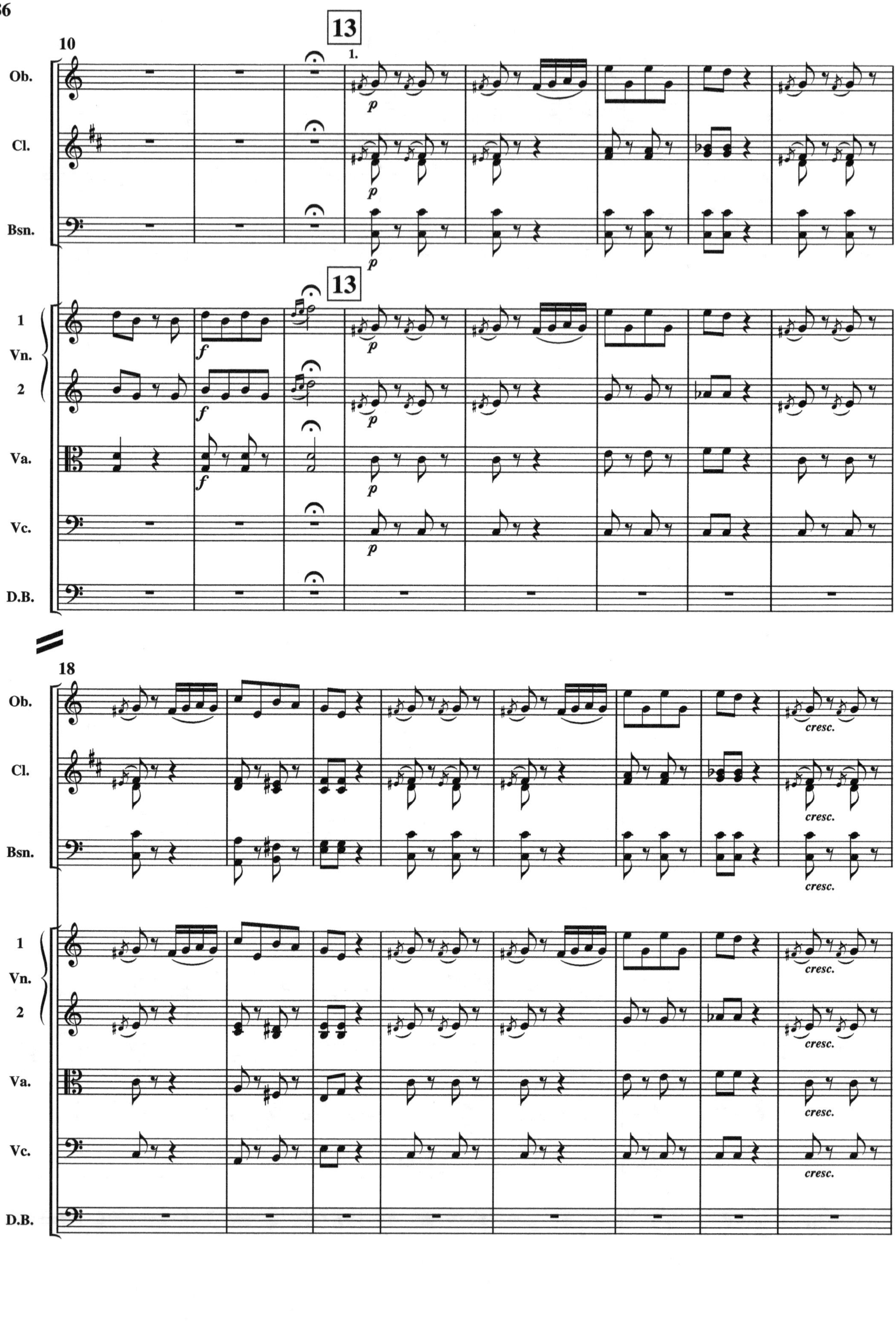
13
10
1.
Ob.
Cl.
Bsn.
1
Vn.
2
Va.
Vc.
D.B.
p
f
18
cresc.

26
29
1
Fl.
2
Ob.
Cl.
Bsn.
1-2
Hn.
3-4
1-2
Tpt.
3-4
Tbn. 1-2
Tbn. 3
Tuba
Tuba
1.
Timp.
Trgl.
Cym.
B.D.
29
1
Vn.
2
Va.
Vc.
D.B.

34
1
Fl.
2
Ob.
Cl.
Bsn.
a 2
1-2
Hn.
3-4
1-2
Tpt.
3-4
a 2
Tbn. 1-2
a 2
Tbn. 3
Tuba
Timp.
Trgl.
Cym.
B.D.
1
Vn.
2
Va.
Vc.
D.B.
p

42
45
1
Fl.
2
Ob.
Cl.
Bsn.
1-2
Hn.
3-4
1-2
Tpt.
3-4
Tbn. 1-2
Tbn. 3
Tuba
Timp.
Trgl.
Cym.
B.D.
45
1
Vn.
2
Va.
Vc.
D.B.
f
p
1.
sim.

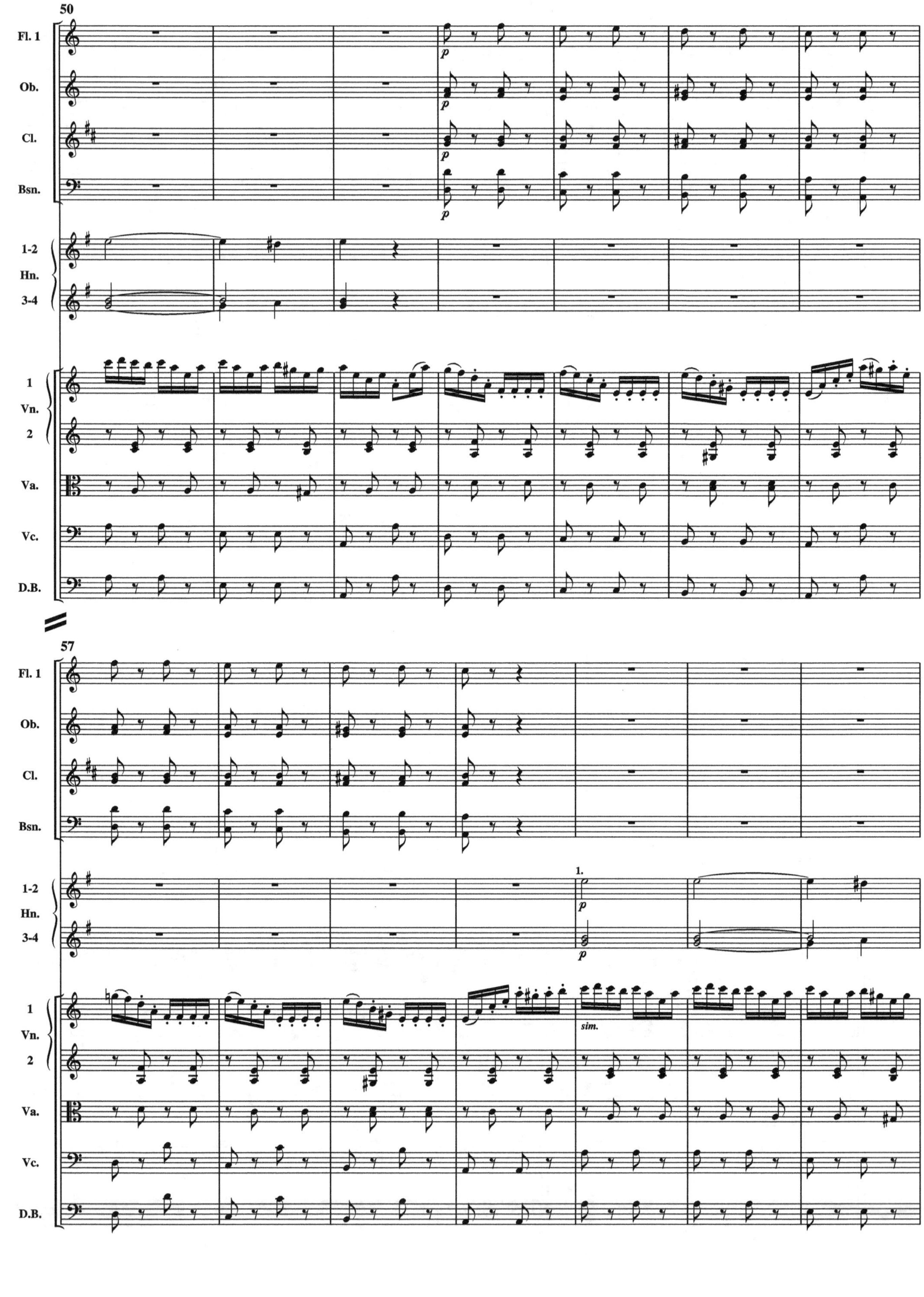
50
Fl. 1
Ob.
Cl.
Bsn.
1-2
Hn.
3-4
1
Vn.
2
Va.
Vc.
D.B.
p
57
1.
sim.

64
69
1
Fl.
2
Ob.
Cl.
Bsn.
a 2
1-2
Hn.
3-4
1-2
Tpt.
3-4
Tbn. 1-2
Tbn. 3
Tuba
Timp.
Trgl.
Cym.
B.D.
1
Vn.
2
Va.
Vc.
D.B.
p

71
1
Fl.
2
Ob.
Cl.
Bsn.
1-2
Hn.
3-4
1-2
Tpt.
3-4
Tbn. 1-2
Tbn. 3
Tuba
Timp.
Trgl.
Cym.
B.D.
1
Vn.
2
Va.
Vc.
D.B.

78
1
Fl.
2
Ob.
Cl.
Bsn.
1-2
Hn.
3-4
1-2
Tpt.
3-4
Tbn. 1-2
Tbn. 3
Tuba
Timp.
Trgl.
Cym.
B.D.
1
Vn.
2
Va.
Vc.
D.B.

85
1
Fl.
2
Ob.
Cl.
Bsn.
1-2
Hn.
3-4
1-2
Tpt.
3-4
1.
Tbn. 1-2
Tuba
Tbn. 3
Tuba
Timp.
Trgl.
Cym.
B.D.
85
1
Vn.
2
Va.
Vc.
D.B.

93
1
Fl.
2
Ob.
Cl.
a 2
Bsn.
1-2
Hn.
3-4
1-2
Tpt.
3-4
a 2
a 2
Tbn. 1-2
Tbn. 3
Tuba
Timp.
Trgl.
Cym.
B.D.
1
Vn.
2
Va.
Vc.
D.B.

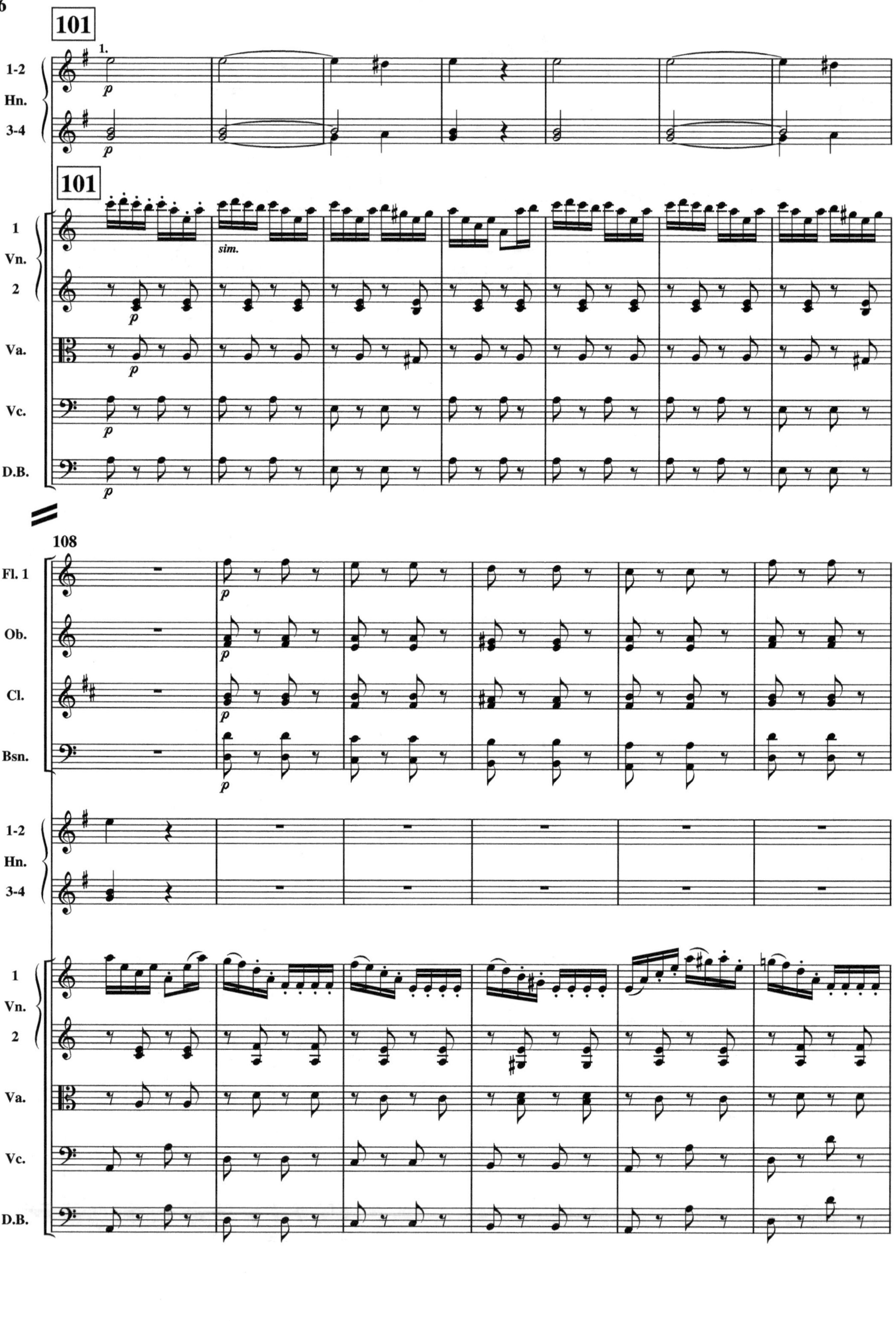
101
1.
1-2
Hn.
3-4
p
101
1
Vn.
2
Va.
Vc.
D.B.
sim.
108
Fl. 1
Ob.
Cl.
Bsn.

114
Fl. 1
Ob.
Cl.
Bsn.
1.
p
1-2
Hn.
3-4
p
1
Vn.
2
sim.
Va.
Vc.
D.B.
119
1-2
Hn.
3-4
1
Vn.
2
Va.
Vc.
D.B.

125
1
Fl.
2
Ob.
Cl.
Bsn.
1-2
Hn.
3-4
1-2
Tpt.
3-4
Tbn. 1-2
Tbn. 3
Tuba
Timp.
Trgl.
Cym.
B.D.
125
1
Vn.
2
Va.
Vc.
D.B.

131
1
Fl.
2
Ob.
2. p
Cl.
2. p
Bsn.
1-2
Hn.
3-4
1-2
Tpt.
3-4
p
Tbn. 1-2
a 2
Tbn. 3
Tuba
Timp.
Trgl.
Cym.
B.D.
131
1
Vn.
2
Va.
Vc.
D.B.

141
137
1
Fl.
2
Ob.
Cl.
Bsn.
1-2
Hn.
3-4
1-2
Tpt.
3-4
Tbn. 1-2
Tbn. 3
Tuba
Timp.
Trgl.
Cym.
B.D.
141
1
Vn.
2
Va.
Vc.
D.B.
a 2
f
ff

143
1
Fl.
2
Ob.
Cl.
Bsn.
1-2
Hn.
3-4
1-2
Tpt.
3-4
Tbn. 1-2
Tbn. 3
Tuba
Timp.
Trgl.
Cym.
B.D.
1
Vn.
2
Va.
Vc.
D.B.
p
ff
1.

150
1
Fl.
2
Ob.
Cl.
a 2
Bsn.
1-2
Hn.
3-4
1-2
Tpt.
3-4
Tbn. 1-2
Tbn. 3
Tuba
Timp.
Trgl.
Cym.
B.D.
1
Vn.
2
Va.
Vc.
D.B.

158
1
Fl.
2
Ob.
Cl.
Bsn.
1-2
Hn.
3-4
1-2
Tpt.
3-4
Tbn. 1-2
Tbn. 3
Tuba
Timp.
Trgl.
Cym.
B.D.
1
Vn.
2
Va.
Vc.
D.B.
1.
a 2
p
f

167
1
Fl.
2
Ob.
Cl.
Bsn.
1-2
Hn.
3-4
1-2
Tpt.
3-4
Tbn. 1-2
Tbn. 3
Tuba
Timp.
Trgl.
Cym.
B.D.
1
Vn.
2
Va.
Vc.
D.B.
a 2

www.ingramcontent.com/pod-product-compliance
Lightning Source LLC
LaVergne TN
LVHW081319060426
835509LV00015B/1578